LE SECOND
LIVRE DE LECTURE
DE L'ENFANCE,

OU

NOUVELLE MÉTHODE PLUS COMPLÈTE,
Pour apprendre à lire avec facilité.

PAR LES SŒURS DE SAINT-JOSEPH

de Champagnole (Jura),

À l'usage de leurs Établissements.

—◦◦❋◦◦—

Prix : **15** centimes.

SE TROUVE :

A LONS-LE-SAUNIER, | A CHAMPAGNOLE,
Chez ESCALLE, libraire-éditeur. | Chez les SŒURS de Saint-Joseph.

LE SECOND
LIVRE DE LECTURE
DE L'ENFANCE,

OU

NOUVELLE MÉTHODE PLUS COMPLÈTE,

Pour apprendre à lire avec facilité.

PAR LES SŒURS DE SAINT-JOSEPH

de Champagnole (Jura),

A l'usage de leurs Établissements.

Prix : **15** centimes.

SE TROUVE :

A LONS-LE-SAUNIER,
Chez ESCALLE, libraire-éditeur.

A CHAMPAGNOLE,
Chez les SŒURS de Saint-Joseph

1859

Ce livre étant ma propriété, toute contrefaçon sera déférée aux tribunaux.

Escalle.

ON TROUVE A LA MÊME LIBRAIRIE :

L'*Ami de l'enfance*, 15ᵉ édition, in-12, la douz....	4 f.	50
Tableaux, au nombre de 25, conformes à la méthode	2	50
Petit Ami de l'enfance, in-16, abrégé du précédent, la douzaine..................................	»	40
Choix de Lectures, faisant suite à l'*Ami de l'enfance*, 7ᵉ édition, en caractères gradués, in-18, la douzaine, 3 f. 30, et cartonné.........................	4	50
Fables de l'enfance, en prose, in-18, la douzaine, 2 fr. 40, et cartonné...........................	3	50
Les *Quatrains moraux*, ou choix de maximes très-morales, mises en 4 vers chacune. Cet ouvrage est destiné à être mis entre les mains des enfants, pour leur apprendre à lire les vers : in-12, la douzaine...	2	20
Méthode pour l'orthographe d'usage, in-8°, la douz.	»	60
Arithmétique décimale des Ecoles primaires, augmentée de problèmes; prix, 75 c.; la douzaine.....	6	»
Précis d'Histoire sacrée (Histoire sainte), depuis l'origine du monde jusqu'à la dispersion de la nation juive, par Bousson de Mairet, 1 volume in-12; la douzaine, broché, 6 fr., et cartonné..............	7	20
Le même ouvrage, en caractères gradués, pour servir de livre de lecture à l'enfance; 1 volume in-12; la douzaine, broché, 6 fr. 60, et cartonné..........	7	80
La Vie de Notre Seigneur Jésus-Christ racontée aux enfants par une dame du Sacré-Cœur, ouvrage écrit pour l'enfance, en forme de conversation; 1 volume in-8°; la douzaine, broché, 4 fr. 20, et cartonné	5	40

RÉFLEXIONS
SUR CETTE MÉTHODE, ET MANIÈRE DE S'EN SERVIR LE PLUS UTILEMENT.

> Quiconque sait lire, sait le plus difficile de tous les arts. DUCLOS.

On facilitera les progrès des Élèves, 1° en donnant aux Consonnes le son qu'elles ont réellement dans la prononciation des mots ; 2° en rejetant l'épellation ; 3° en dégageant les premières leçons d'une foule de Remarques qui ne doivent être faites qu'à mesure que les progrès de l'Élève l'exigent, et que les mots de la phrase y donnent lieu.

I. Le son naturel des Consonnes n'est point celui de *bé, dé, eff....* ; mais bien celui de *be, de, fe....* Prenons pour exemple le mot *filé* : en prononçant les consonnes avec *é* fermé, on devrait lire *effiellé*. Par le son de *e* muet on lira *fe-i-le-é* : sur-le-champ l'Élève comprend qu'il vient d'articuler le mot *filé*. Ce seul exemple fait juger de la bizarrerie de la première méthode, et prouve combien la seconde est naturelle.

II. En suivant la prononciation de *e* muet, il nous est prouvé (*) que l'Épellation ne fait que retarder les progrès. L'enfant saisit aussi vite le sens du mot *filé* en l'articulant *fe-i-le-é*, qu'en disant, par l'épellation, *fe-i fi le-é lé filé* : c'est donc retarder sa marche.

III. Nous donnons dans les notes qui suivent les observations qu'un Maître doit faire à ses élèves, à mesure qu'ils avancent dans la lecture.

Nous nous bornons à ces seules réflexions, et nous ne craignons pas d'affirmer que les élèves que nous avons formés d'après cette méthode, ont pu lire en très-peu de temps ; qu'ils ont toujours lu avec beaucoup plus de facilité et d'assurance que ceux élevés par l'épellation et la prononciation des consonnes avec *é* fermé ; qu'ils écrivaient plus facilement et plus correctement sous la dictée. Puissions-nous être utile aux Maîtres et aux Élèves !

(*) Tout récemment, plusieurs instituteurs, qui ont adopté notre Méthode dans son entier, ont confirmé nos convictions par le récit des résultats obtenus. Entre autres, deux enfants de quatre ans, d'une école de demoiselles, à Salins, ont pu lire après un mois de leçons.

Manière de faire usage de cette Méthode.

1ᵉʳ EXERCICE.

(*) be que de fe gue je que le me ne pe que re
b c d f g h j k l m n p q r
se te ve xe ze   che   phe   gne
s t v x z   ch   ph   gn
                    chose physique   vigne

Nous avons placé trois consonnes doubles à la suite des autres lettres : *ch*, *ph* et *gn* ne sont en effet que des consonnes ; *ph* est la même chose que *f*. Si *h* n'est précédé de *c* ou *p*, cette lettre est inutile.

IIᵉ EXERCICE.

(**) Pour ne pas mettre l'élève à la torture, nous n'avons pas donné les syllabes *ce*, *ci* : il suffit, lorsqu'une de ces syllabes se rencontre dans la lecture, d'observer à l'enfant que *c* devant *e*, *i*, est doux, et se prononce *se*, *si*.

(***) Mêmes observations pour *ge*, *gi*.

(****) Si *q* n'est final, il est toujours suivi de *u* ; c'est la réunion de *qu* qui donne le son *que*.

Cet exercice est disposé de manière à pouvoir faire syllaber les élèves, tantôt horizontalement, tantôt perpendiculairement, tantôt obliquement.

IXᵉ EXERCICE.

Les voyelles *composées et nasales* sont ce qu'il y a de plus difficile pour les enfants. Venons à leur secours en leur faisant décomposer chacune de ces syllabes, de cette manière : *a-i*, ai, *e-i* ai, *a-m*, am, *i-n*, in, etc. Après quelques leçons sur ces syllabes, il faudra, au moyen des questions suivantes, les leur bien inculquer :

Quel est le son de a-i ? *Réponse*, ai.
Quel est le son de e-u ? R.   eu.
Quel est le son de u-n ? R.   un, etc.

Ces questions devront aussi être faites au commencement de chacune des Leçons qui suivent, et jusqu'à ce que ces syllabes soient bien gravées dans la mémoire de l'élève. Si dans la suite l'enfant rencontre dans une phrase le mot *bravoure*, par exemple, et qu'il lise *bra-vo-ure*, alors le maître lui fera la question : *Quel est le son de o-u?* Sur-le-champ, et de lui-même, l'élève répondra *ou*, et lira correctement le mot *bravoure*.

Nous n'avons pas placé au nombre des *nasales* la syllabe *ien*, pour ne pas déconcerter l'enfant à qui on vient de dire que *e-n* fait *an*. Il suffira de lui apprendre la manière de la prononcer, lorsque les mots *bien, lien, mien, rien, sien, tien* et quelques autres se rencontreront dans la lecture. Les syllabes *aim, ain, eim, ein, oin*, n'offrent pas plus de difficulté que s'il n'y avait ni *a*, ni *e*, ni *o*.

Pour encourager les élèves, nous avons voulu qu'en sortant de cet exercice, ils pussent lire quelques phrases : c'est le motif qui nous a fait placer ici les huit *monosyllabes* dont *s* rend le *e* qui précède un peut ouvert. Pendant que les élèves seront occupés de cet exercice, il sera bien de les faire revenir quelquefois sur ceux déjà parcourus.

XIIe EXERCICE.

Il ne faudra pas s'appesantir beaucoup sur cet exercice ; mieux sera d'y ramener les élèves après chaque trois leçons des exercices suivants.

Quelques remarques.

L.

Nous n'avons pas donné d'exercice pour les syllabes *mouillées* : nous avons remarqué qu'il suffit d'observer à l'élève, lorsqu'un mot y donne lieu, que deux *ll* précédés de *i* sont mouillés, et se prononcent comme dans le mot *fille*.

R.

Cette lettre étant finale, donne à *e* qui précède le son de *é* : *poirier, aimer*.

S.

S entre deux voyelles se prononce *z* : *bise*.

Ti.

Cette syllabe, suivie d'une lettre non accentuée, a le plus souvent le son doux (*si*) : *dévotion, inertie*.

Y.

Y seul ou entre deux consonnes a le son d'un *i* : *il y va, système* ; partout ailleurs il remplace deux *i* : *moyen, pays*.

Z.

Z final donne à *e* qui précède le son *é* : *venez*.

Ai.

Dans les verbes, *ai* final se prononce *é* : *j'aimai, j'ai*.

ë ï ü.

Les deux points placés sur *e i u* indiquent que l'on doit prononcer ces voyelles séparément de celle qui précède : *cigu-ë, ha-ïr, Sa-ül*.

Ces observations, nous le répétons, ne doivent être faites que lorsque les mots de la lecture y donnent lieu. L'habileté du Maître et son expérience le dirigeront.

Nous avons écrit par *ai* au lieu de *oi* les finales en *et* des verbes : les élèves en seront grandement aidés. Car comment, sans les désorienter, leur faire entendre que *oi* fait *oa* dans *loi*; qu'il a le son de *et* dans *j'avois*?

Liaisons.

On fera remarquer à l'élève de quelle manière se font les liaisons. On lui montrera dans une phrase que, si un mot finit par une consonne, et que le suivant commence par une voyelle, la liaison a lieu; c'est-à-dire que ces deux lettres forment une *syllabe* qui unit les deux mots. Soit l'exemple : *Nos amis sont arrivés; s* final de *nos, a* initial de *amis*, forment une liaison. Il en est de même de *t* final de *sont*, et de *a* commençant le mot *arrivés*. On lira cette phrase comme si elle était écrite ainsi : *No zamis son tarrivés*.

Les liaisons irrégulières sont *s* et *x*, qui se lient comme *z* ; *d* comme *t* ; *g* comme *c* dur. Dans *aspect, respect*, le *c* se lie au lieu du *t*.

Ce n'est qu'insensiblement, et lorsque l'élève lit avec quelque facilité, qu'on doit l'astreindre à faire les liaisons.

Quant aux liaisons par *l'élision*, l'enfant les fera de lui-même lorsqu'il sera fort. Le bon sens lui fera sentir que *votre ami* doit être prononcé comme s'il y avait *votrami*.

1ᵉʳ EXERCICE.
ALPHABET MAJUSCULE.

A	B	C	D	E
F	G	H	I	J
K	L	M	N	O
P	Q	R	S	T
U	V	X	Y	Z

ALPHABET MINUSCULE.

a	b	c	d	e
f	g	h	i	j
k	l	m	n	o
p	q	r	s	t
u	v	x	y	z

Lettres où l'ordre alphabétique n'est pas gardé.

e h a l p m s o ch b t z d x q
n e e f g ph u y r gn j i v k.

Voyelles.

a e i y o u.

Consonnes.

b c d f g h j k l m n p q r s t v
x z ch ph gn.

Différentes sortes d'e.

e é è ê.

IIe EXERCICE.

	a	e	é	è	ê	i	y	o	u
b	ba		be			bi		bo	bu
c	ca							co	cu
d	da		dé			di		do	du
f	fa		fe			fi		fo	fu
g	ga							go	gu
h									
j	ja			jè		ji		jo	ju

k	ka	ke	ki	ko	ku
l	la	lê	li	lo	lu
m	ma	me	my	mo	mu
n	na	né	ni	no	nu
p	pa	pè	pi	po	pu
qu	qua	que	qui	quo	
r	ra	ré	ri	ro	ru
s	sa	se	sy	so	su
t	ta	té	ti	to	tu
v	va	vè	vi	vo	vu
x	xa	xe	xi	xo	xu
z	za	ze	zi	zo	zu
ch	cha	chê	chi	cho	chu
ph	pha	phê	phi	pho	phu
gn	gna	gnê	gni	gno	gnu

IIIe EXERCICE.

a ba, a be, a ga, â me, a mi, a na, â ne, a pi, a que, a re, a vé, a vi, a xe, a zi, è be, é cu, é lu, é mu, é pi, è re, é té, é ve, î le, i ra, i re, i ve, o de, o se, o ta, o ve, o vé, u ne, u ni, u sa,

u ve, ba le, bi se, ca ve, cu re, di re,
da té, fi ne, fa ne, ga re, gâ té, je ta,
jo li, la me, ly re, ma ne, mi re, nap pe,
nu que, pa pe, pô le, pi qua, râ pe, ri
ve, sa le, sa li, ta re, to que, vi te, va
se, ve nu, pâ li, ri ma, i ra, ro be, so
lo, bi le, du ra, di na, po re, pi lé, co
de, ri ra, â ne, li ma, ti ré, fi la, ma ri,
ni che, ca se, mi di, fi lé, ri xe, te nu,
va qué, bu re, bu ta, bo bo, ar ma, rê
ve, or me, u ni, mè ne, a re, tê te, fi xé,
mu ni, zè le, mû re, no te, dé jà, pa pa,
pi re, pè re, pâ té, re lu, qui ne, ra de,
ra ja, ra sé, tu be, ve lu, râ le, vi ve, vo
lé, du ne, ché ri, di gne, lu xe, pha re,
ar che, pha se, li gne, zô ne, ri che, ba
gne, ki no, bu ne, lâ che, pa ri, ca fé,
ju da, ka gne, du o, gâ che, sa ki, phy
ma, pie, mâ le, lè che, mu le, pi ca, qua
si, ri te, ty pe, za ni, bi que, si gne.

IVe EXERCICE.

ba chi que, vé ri té, la cu ne, ba ga ge,

fé ru le, fi gu re, pi lu le, vo lu me, ca ba ne, ti mi de, pha lè ne, ga li ne, so no re, ri gi de, bé ni gne, pu ni ra, racine, habile, révéré, vipère, ca na pé, amère, li mo ge, ma chi ne, ma la de, vo lup té, ca ca o, ma li ce, ga lè re, mé lè ze, i gna re, ma xi me, zi zanie, i gno re, co lo ré, re lè ve, de vi ne, na sa le, ha bi le, ka zi ne, a bo li, co lè re, sa li ra, ca rè me, pa ra dis, la za re, pha la ris, fa ci le, qua li té, re di ra, ca li ce, ba ri que, po ly pe, o bé i, pa ro le, qui no la, é vi té, lé gu me, quo ti té, ca ba ne, cha ri té, ty pho ï de, si gna lé, ju ju be, ré di ge, re mè de, a tô me, hâ ti ve, mi ni me, a bî me, ca na ri, py lo re, ra bâ che, ri go le, bi pè de, che mi née, co ca gne, la mi né, ra ré fie, bi tu me, é ta lé, la bi che, le che val, la mu le, le li not, le cy gne, la va che, le mu let, le lé rot, le la ma, le ma got, le cha cal, ca li fe, ju bi lé, cha ra de, pa na ché, fi lu re, bi ga me, op ti que, py ra me.

Vᵉ EXERCICE.

ba by lo ne, ca ma ra de, ri di cu le, hé té ro do xe, gé la ti ne, phi lo so phe, la ni fè re, hé té ro gè ne, re chi gne ra, zi be li ne, ri di cu le, sa vo na de, so li tu de, pa ra pho ne, ca ra bi ne, é mé ti que, sy no ny mie, ma gna ni mi té, sy co mo re, hé té ro gé né i té, po pu la ce, a mé ni té, é di li té, fi dé li té, dé chi que te ra, é qui vo que, li mo na de, li qui di té, lu mi è re, nu mé ro té, pa lal lé li pi pè de, pa ra ly ti que, ka lé i do sco pe, zo o pho ri que, sy no di que, va ri o li que, va ri a bi li té, zy go ma ti que, vi ti li ge, or ga ni sé, mo no mo ta pa, lu ne ti è re, é co no mi que, lu na ti que, ca val ca de, pâ tu ra ge, ti re li gne, na tu ra li se ra, o vi pa re, so li di fi é, vo la ti li sé, phy si o lo gie, mo no ma nie, pa li no die, po lé mi que, che va le rie, a no ma lie, mor ta li té, lé si ne rie, é o li py le, le mo co co, la ci go gne, la li not te, le ros si gnol.

VIᵉ EXCERCICE.

bl	bla	ble	bli	blo	blu
cl	cla	clé	cli	clo	clu
fl	fla	flè	fli	flo	flu
gl	gla	glê	gli	glo	glu
pl	pla	plé	pli	plo	plu
br	bra	bre	bri	bro	bru
cr	cra	crê	cri	cro	cru
		chré	chri	chro	
dr	dra	dré	dri	dro	dru
fr	fra	fre	fri	fro	fru
gr	gra	gre	gri	gro	gru
pr	pra	prê	pri	pro	pru
tr	tra	tre	tri	tro	tru
vr	vra	vrê	vri	vro	vru
sp	spa	spê	spi	spo	spu
st	sta	stê	sty	sto	stu
str	stra	stre	stri	stro	stru

VIIᵉ EXERCICE.

bra que, i vro gne, gla ce, flat te, pla ne,

stra ta gè me, é cli pse, sé pul cre, vé ri ta ble, zo o gra phie, che vro ta ge, a bri té, spa ra drap, crê me, dra pe, fi bre, pri vi lé ge, fa bri que, prô ne, fri pe, sta ge, ka dris, ho plo ma chie, cri se, tra ma, cré du le, chro ni que, bra va de, ré cla me, hy dro gra phe, pro li xe, pla ti tu de, chri sti a nis me, bro de rie, cru di té, pri me, hy dro pho be, cré du li té, or tho gra phe, fa bri qué, chry sa li de, trê ve, cha gri né, ra cla, bri gno le, dé ni gra, hé mé ro dro me, grâ ce, pra ti ca ble, tri co te ra, brû la, tra hi, na vra, sa cri fi ce, dra ma ti que, or ga ni que, a tro ci té, ré tro gra de, dy na mè tre, je tra ce, tu pri se ras, il bri da, tu dé trô ne ras, il ré pli que ra, tra fi qué, hi é ro gly phi que, a stro no mi que, bi blio gra phe, sté no gra phie, fra tri ci de, gra ti tu de, phra se, re tra cé, fla tu o si té, né cro lo gie, ma tri mo ni al, phy si o no tro ce, tri co lo re, bra mi ne, fla mi che, ré glu re, il tri po te ra, tri ni té.

VIIIe EXERCICE.

é cra sé, tré fi le rie, trot, bri dé, a bri, fi a cre, cra che, ar chi di a cre, re plâ tra ge, fi fre, de gré, ré crié, os tra cis me, vo tre, mi tré, a cri mo nie, a pô tre, pré la tu re, tra ce, ki lo gram me, di a phrag me, flot, cri, bru, dru, frit, gris, ma tri cu le, pré riz, fru ga li té, grat te, gra ti tu de, sté no gra phe, his to ri o gra phe, ar bi tre, pé tri fi é, vi tri fi é, bi bli o phi le, bi bli o ma ne, bi o gra phe, a gro no me, to po gra phie, ty po gra phe, fé bri fu ge, po da gre, zo o gra phe, xy lo gra phie, vi bra ti li té, u ra no mé trie, sy né vro se, sté ga no gra phe, scru pu le, ré fri gé ra tif, qua tre-de-chif fre, pa tro ny mique, or ni tho tro phie, ma cro cé pha le, né vro to me, i co no stro phe, hy gro mè tre, flo ri pa re, dé tri plé, cla ri cor de, pu tré fi é, gy né co cra te, bla fard, blas phè me, cla que mu ré, clé phy dre, sphé ro ma chie, spi nal, le buf fle, le co li bri, le ti gre, la bre bis, le li è vre, la pie gri è che, le zè bre, le cro co di le, la chè vre.

IXe EXERCICE.

Voyelles composées.

ai ei oi au eu ou.

Nasales.

am en em en im in om on um un.

Les monosyllabes qui suivent sont les seuls où s final donne à e qui précède le son un peu ouvert.

ces, des, les, mes, ses, tes, est.

Xe EXERCICE.

ai me, lai ne, paie, tai re, fait,

sait, sai ne, ai le.

ei   rei ne, sei gneu ri al, vei ne, pei ne, tei gne.

oi   boi re, foi re, poi re, voi, loi, foi, soie rie.

au   bau me, au ne, fau te, cau se, pau vre, beau.

eu   peu, beu gle, seu le, che veu, beur re, de meu re, bleu.

ou   cou dre, dou ble, sou ple, rou ble, ge nou, hi bou, le cou cou, je re dou ble rais.

am   lam bris, cam pa gne, jam ba ge, pam pre.

an   dan se, plan té, ta lis man, sans é cran, van.

em   tem ple, em ploi, sem ble, tem pê te, rem pli.

en   pen se, en flé, pen du le, grand sen ti ment, les sens.

im   sim ple, im pri ma, im por ta, lym phe, sym bo le, thym, tu me pim pre lo che ras.

in	di vin, ma tin, in for tu ne, in di vi du, in co gni to, en frein dre, pein tu re, cein tre, vain vin, pain, pin, plain, plein.
om	som bre, com ble, trom pe ra, om bra gea.
on	co chon, bé ton, hu ron, fu ron cle, bon bon.
um	par fum, hum ble.
un	a lun, dé funt, cha cun, tri bun, em prunt.

XIe EXERCICE.

Vois-tu ce pauvre mal-heu-reux qui se di-ri-ge de ce-cô té? que sa mar-che sem-ble pé-ni-ble! donnons-lui cha-cun un sou de no-tre bour-se; tu le sais, mon bon Char-les, ma-man nous dit que le plus beau mo-ment de la jour-née se-ra tou-jours ce-lui où l'on au-ra se-cou-ru son sem-bla-ble.

Ai-de ton frè-re (ton pro-chain), ne lui fais au-cun mal; tu se-ras hon-nê-te hom-me ; a-jou-te à ce-la la pra-ti-que de la mo-ra-le é-van-gé-li-que : tu se-ras par-fait au-tant que l'hom-me peut l'ê-tre.

ai-me dieu de tou-te ton â-me ; ai-me ton pro-chain com-me toi-mê-me : voi-là tout l'é-van-gile.

il é-tait cha-ri-ta-ble ce cé-lè-bre em-pe-reur ro-main qui s'at-tris-tait sur u-ne jour-née qu'il n'a-vait pu si-gna-ler par au-cun bien-fait.

oh ! que la sci-en-ce nous rend la vie a-gré-a-ble !

mon pè-re me nour-rit ; il m'en-voie en clas-se : je dois en ê-tre re-connais-sant et fai-re tout mon pos-si-ble pour m'ins-trui-re.

XIIe EXERCICE.

Syllabes où e a le son ouvert, et où la consonne qui suit est fortement sentie.

eb   ho reb, ca leb.
ec   dé lec te, bec, ob jec té, col

	lec te, nec tar, a vec.
ed	ed da, red di tion, sed litz.
ef	ef fi ca ce, ef fi lu re, ef fec tif, nef, ef froi.
el	mor tel, se mel le, ja vel le, el lé bo re.
ep	ac cep té, i nep te, cep, sep ten tri on, sep ti di.
er	lu zer ne, as per ge, gi ber ne, ta ver ne, ver.
es	es ti me, mo les té, dé tes té, el le pes te rait.
ex	ex té nu é, ex tir per, ex po ser, ex pul sion.

Dans la syllabe et, qui suit, la consonne t ne se fait pas sentir.

et	tra jet, cu vet te, pro jet, il est, ga zet te, mou li net, tu es in quiet, el le re jet te ton bra ce let et mon bou quet, ver get te, prêt.

g dur devant e i au moyen de la lettre u.

gue	sy na go gue, di a lo gue, fa ti

gue, va gue, gué ri, guê pe, gue ni pe, guer re.

gui   le gui de, u ne gui ta re, gui-per, gui pu re, gui lée, à ta gui se.

XIIIe EXERCICE.

Alphabet des Capitales.

A B C D E F G H I J K L M N O P Q R S T U V X Y Z.

Je bé-nis et j'a-dorre le Sei-gneur.
Mon pè-re me nour-rit et m'ha-bi-lle.
Dieu te voit et t'ac-com-pa-gne par-tout.
Je suis en clas-se : je m'y plais.
Ce pe-tit s'ap-pli-que au tra-vail.
L'en-nui est le fils de l'oi-si-ve-té.
Nous ve-nons de Dieu et de no-tre pè-re A-dam.
Par-don-ner, c'est ton de-voir.
Oc-cu-pe-toi d'u-ne ma-niè-re u-ti-le.
N'al-lez pas a-vec les mé-chants.
Si tu fais bien, tu se-ras bien.

On ré-col-te ce que l'on a se-mé.
S'il veut s'ai-der, on l'ai-de-ra.
L'égo-ï-ste ne voit et n'ai-me que soi.
On n'est pas bon, quand on ment.

Ire LECTURE.
LA MÈRE D'ANGÉLINE.

C'est u-ne cho-se bien a-gré-a-ble, An-gé-li-ne, que de sa-voir li-re. Il y a quel-ques se-mai-nes, vous ne con-nais-siez pas vos let-tres; der-niè-re-ment vous ne pou-viez que syl-la-ber; au-jour-d'hui vous sa-vez li-re. Je vais e-xer-cer vo-tre pe-tit ta-lent sur des lec-tu-res ins-truc-ti-ves et a-mu-san-tes.

Nord.

Couchant. ⸺⸺ Orient.

Sud ou Midi.

Il est mi-di, ma fil-le, ve-nez a-vec moi dans le jar-din. Met-tez-vous en fa-ce du so-leil ; re-gar-dez-le : c'est là ce que l'on nom-me le Sud. Sou-ve-nez-vous qu'à mi-di, si vous re-gar-dez le so-leil, vo-tre fi-gu-re est vers le *Sud*. A pré-sent tour-nez-vous dans la di-rec-tion où é-tait vo-tre bras gau-che et re-gardez de-vant vous : c'est tou-jours là que le so-leil se lè-ve. L'en-droit où le so-leil com-men-ce à pa-raî-tre s'ap-pel-le *O-ri-ent*. Main-te-nant tour-nez vo-tre dos au so-leil : vous au-rez de-vant vous le *Nord*. Tour-nez à gau-che et re-gar-dez l'en-droit où tous les jours le so-leil dis-pa-raît : ce point s'ap-pel-le *Cou-chant*.

Com-bien de cô-tés a-vez-vous re-gar-dés ? Qua-tre. Vous rap-pe-lez-vous leurs noms ? Non, ma-man.

Eh bien ! ma fil-le, je vais vous les ré-pé-ter :

Le *Nord*, qui est bien froid ;

Le *Sud*, qui est bien chaud ;

L'*O-ri-ent*, où le so-leil se lè-ve ;

Le *Cou-chant*, où le so-leil nous quit-te.

Voi-là ce que l'on ap-pel-le les quatre points car-di-naux.

IIe LECTURE.

VICTOR ET SON PRÉCEPTEUR.

L'or-gueil, mon a-mi, est un vi-ce qui nous fait tom-ber dans u-ne fou-le de fau-tes, et qui nous pri-ve de l'es-ti-me et de la bien-veil-lan-ce de nos sem-bla-bles.

La mo-des-tie, qui est la ver-tu op-po-sée à l'or-gueil, doit ê-tre l'a-pa-na-ge de tous les hom-mes, et sur-tout des en-fants. Trop sou-vent la flat-te-rie vient ten-dre un pié-ge à cet-te bel-le ver-tu, et ré-veil-ler en nous cet-te pas-sion de l'or-gueil. C'est pour vous pré-mu-nir con-tre ce vi-ce que je vais vous ci-ter la fa-ble du Re-nard.

Maî-tre Cor-beau, per-ché sur un ar-bre, s'ap-prê-tait à man-ger un fro-ma-ge qu'il a-vait pris sur une fe-nê-tre. Maî-tre Re-nard l'a-per-çut et lui tint à peu près ce lan-ga-ge : O Cor-beau ! que ton plu-ma-ge est bril-lant ! Que ton corps et ta tête ras-sem-blent de beau-tés ! Si tu a-vais de la voix, nul oi-seau ne l'em-por-te-rait sur toi. A ces pa-ro-les, le Cor-beau, vou-lant mon-trer sa voix, lais-sa tom-ber son fro-ma-ge. Le ru-sé Re-nard s'en sai-sit aus-si-tôt et plai-san-ta beau-coup le Cor-beau sur sa sot-te cré-du-li-té. Ce-lui-ci se re-ti-ra con-fus, et ju-ra, quoi-que un peu tard, qu'il ne s'y re-trou-ve-rait plus.

Jeu-nes gens, n'i-mi-tez pas l'or-gueil-leux Cor-beau, et mé-fi-ez-vous des flat-teurs, qui, par des pa-ro-les miel-leu-ses, jou-e-ront près de vous le rô-le du Re-nard.

IIIᵉ LECTURE.
LE PÈRE DE FÉLIX.

Me se-rais-je trom-pé, Fé-lix ? j'ai cru re-mar-quer, lors de no-tre der-niè-re pro-me-na-de, que tu a-vais un pe-tit air de dé-dain pour ces bra-ves gens que nous a-vons trou-vés oc-cu-pés de la cul-tu-re de leurs champs. Je ne cher-che-rai pas par de grands rai-son-ne-ments à te prou-ver que, de tous les éutats, ce-lui de cul-ti-va-teur est le pre-mier et le plus né-ces-sai-re. Les ob-ser-va-tions que je vais te fai-re se-ront suf-fi-san-tes pour te por-ter à ai-mer et à es-ti-mer ceux qui cul-ti-vent les ter-res. Si jus-qu'i-ci tu ne les as pas as-sez ap-pré-ci-és, c'est que tu n'as pas fait les ré-flexi-ons fort na-tu-rel-les et fort sim-ples que je vais te sou-met-tre.

Sais-tu ce que coûte de pei-nes au cul-ti-va-teur le *pain*, cet-te nour-ri-tu-re jour-na-liè-re de l'hom-me, la seu-le dont il ne se dé-goû-te pas? Non, pa-pa. Eh bien! mon a-mi, voi-ci les prin-ci-paux tra-vaux qu'e-xi-ge cet a-li-ment: *le la-bour, les se-mail-les, le sar-cla-ge, la mois-son et le bat-ta-ge.*

Le Labour.

Le la-bou-reur doit d'a-bord se pro-cu-rer des che-vaux ou des bœufs et u-ne char-rue; ain-si pour-vu, il va re-tour-ner u-ne ou plu-sieurs fois son champ pour pré-pa rer les ter-res.

Les Semailles.

Muni de la houe, le laboureur va casser et niveler la terre des sillons que la charrue a tracés; par ce travail, son champ devenu propre à recevoir la semence, il jette le blé en terre et le recouvre avec la herse.

Le Sarclage.

Avec le blé on voit lever des herbes qui, si elles n'étaient arrachées, étoufferaient bientôt une partie des jeunes plantes du blé, et en rendraient le grain moins bien nourri; c'est à cette époque qu'a lieu le sarclage.

La Moisson et le Battage.

Parvenu à maturité, le blé doit être

enlevé du champ. C'est alors que le laboureur va, la faucille à la main, couper le blé, en faire des gerbes, et le rentrer chez lui.

Par suite de son entassement, le blé subit une fermentation : après qu'elle a eu lieu, le laboureur bat les gerbes, afin d'en extraire le grain; puis, avec le van, il le purge de la zizanie et des autres corps étrangers. Alors seulement le blé est propre à être conduit au moulin, et de là fabriqué en pain.

Quelles réflexions ce détail t'a-t-il inspirées, Félix?— Mon cher papa, combien je te remercie ! Mon ignorance sur ce qui concerne cet utile et pénible état a pu, seule, me rendre injuste envers ces braves gens que nous avons trouvés hier aux champs. Je conclus du détail que tu m'as fait que l'état du laboureur est le premier de tous; qu'on ne saurait trop respecter et protéger ceux qui s'y livrent.

IVᵉ LECTURE.
LE VIEILLARD ET SES PETITS-FILS.

Mes bons amis, un grand défaut chez certaines personnes est celui de trop parler. Un grand parleur est non-seulement insupportable dans une société, mais encore il lui est impossible de ne dire que de bonnes choses. Outre le dégoût qu'il inspire, il fait preuve de trop de présomption. C'est pour vous mettre en garde contre un aussi vilain défaut, que je vais vous rapporter la fable suivante.

L'Enfant et les deux Tonneaux.

Un enfant qui aimait le vin, étant descendu à la cave, interrogea du doigt un tonneau plein, qui ne lui répondit que par un son faible et sourd. Il n'y a, dit-il, là-dedans que du vide. Il s'adresse à un autre, et l'interroge de la même manière : celui-ci, qui ne contenait absolument rien, ne manqua pas de lui répondre par un bruit des plus sonores. Aussitôt le petit Biberon se hâte d'ouvrir le robinet ; mais il est fort étonné de ne pas voir couler une seule goutte de la liqueur chérie.

Défiez-vous, mes amis, défiez-vous des grands parleurs : vous n'en retirerez presque jamais rien qui vaille.
—Bon papa, dit Jules, tu nous fais le plus grand plaisir en nous récitant des fables : elles nous instruisent en même temps qu'elles nous amusent. Il me semble que, par celle-ci, tu as voulu nous donner aussi une leçon contre l'ivrognerie. N'est-ce pas ce vice qui faisait aller à la cave cet enfant ?—Oui, mon ami, et ta réflexion me fait juger

que nos entretiens te seront profitables, ainsi qu'à tes frères : j'en éprouve une grande satisfaction. Souvenez-vous bien, mes enfants, que l'ivrognerie dégrade l'homme et le place au-dessous des animaux. Ajoutez à cela que la passion du vin ruine la santé, détruit la fortune, et prépare à celui qui n'y met pas un frein l'avenir le plus affreux.

Vᵉ LECTURE.

CODE JOURNALIER DES ENFANTS.

Un enfant bien élevé doit se lever aussitôt qu'on l'appelle, éviter, en s'habillant, tout ce qui est contre la décence ; se laver et se peigner ; élever ensuite son cœur vers la Divinité par la prière. Il se fera de plus un devoir d'aller s'informer comment ses parents ou ses supérieurs ont passé la nuit.

La docilité exige qu'un enfant se livre gaîment, avec empressement même, au travail qui lui est fixé par ses parents ou ses supérieurs. Que les heures de son travail soient pleines, comme celles de la récréation.

A table, l'enfant bien élevé aura une posture décente ; il ne témoignera point un goût particulier pour telle sorte de mets ; il remerciera toutes les fois qu'il sera servi, et ne fera rien contre la tempérance.

Dans la conversation, ainsi que dans la récréation, que la douceur, la prévenance, les manières polies, soient ses compagnes inséparables. Il en sera aimé et estimé de ses camarades ; il aura la satisfaction de pratiquer une vertu indispensable dans la société, et il évitera ainsi tout démêlé avec ses compagnons.

Qu'il n'oublie pas qu'il doit avoir des égards pour tout le monde, et surtout le plus grand respect pour les vieillards.

L'heure de se coucher étant arrivée,

après avoir embrassé ses parents ou salué ses supérieurs, l'enfant bien élevé se retirera dans sa chambre; il observera la même décence que pour le lever, et ne s'endormira pas qu'il n'ait rendu grâces à Dieu des bienfaits de la journée.

L'ordre perfectionne nos actions.

Résumé.

Enfants, rendez le bien que l'on vous a fait; faites le bien sans intérêt; ayez avec tout le monde des manières obligeantes : vous serez honnêtes hommes, vertueux et polis.

LA CIGALE ET LA FOURMI.

La Cigale, ayant chanté
  Tout l'été,
Se trouva fort dépourvue
Quand la bise fut venue :
Pas un seul petit morceau
De mouche ou de vermisseau.

Elle alla crier famine
Chez la fourmi sa voisine,
La priant de lui prêter
Quelques grains pour subsister
Jusqu'à la saison nouvelle :
Je vous paierai, lui dit-elle,
Avant l'août, foi d'animal,
Intérêt et principal.
—La fourmi n'est pas prêteuse;
C'est là son moindre défaut :
Que faisiez-vous au temps chaud?
Dit-elle à cette emprunteuse.
—Nuit et jour à tout venant,
Je chantais, ne vous déplaise.
—Vous chantiez! j'en suis fort aise;
Eh bien! dansez maintenant.

LE LOUP ET L'AGNEAU.

La raison du plus fort est toujours la meilleure;
  Nous l'allons montrer tout à l'heure.

  Un agneau se désaltérait
  Dans le courant d'une onde pure.
Un loup survient à jeun, qui cherchait aventure,

Et que la faim en ces lieux attirait.
Qui te rend si hardi de troubler mon breuvage?
 Dit cet animal plein de rage :
Tu seras châtié de ta témérité.
Sire, répond l'agneau, que votre majesté
 Ne se mette pas en colère :
 Mais plutôt qu'elle considère
 Que je me vais désaltérant
 Dans le courant,
 Plus de vingt pas au-dessous d'elle ;
Et que, par conséquent, en aucune façon,
 Je ne puis troubler sa boisson.
Tu la troubles ! reprit cette bête cruelle ;
Et je sais que de moi tu médis l'an passé.
Comment l'aurais-je fait si je n'étais pas né?
 Reprit l'agneau; je tette encor ma mère. —
 Si ce n'est toi, c'est donc ton frère ? —
Je n'en ai point. — C'est donc quelqu'un des
 Car vous ne m'épargnez guère, [tiens?
 Vous, vos bergers et vos chiens.
On me l'a dit : il faut que je me venge.
 Là-dessus, au fond des forêts
 Le loup l'emporte, et puis le mange,
 Sans autre forme de procès.

-FIN.

Imp. de F. Gauthier, à Lons-le-Saunier.

www.ingramcontent.com/pod-product-compliance
Lightning Source LLC
Chambersburg PA
CBHW061013050426
42453CB00009B/1418